Momentos de
Grandeza

Gibrán Jalil Gibrán

Momentos de
Grandeza

Parábolas y mensajes
de superación personal

Prólogo de
Alfonso Lara Castilla
autor de *La búsqueda*

Antología de
Larissa Lara

EDITORIAL DIANA
MEXICO

1a. Edición, junio de 1997
11a. Impresión, agosto de 2003

DERECHOS RESERVADOS
©

ISBN 968-13-3012-9

Diseño de portada e interiores: Gerardo Díaz

Copyright © del Prólogo: María Magdalena
Escamilla Montoya.

Copyright © de la Antología: Larissa Lara.

Copyright © 1997 por Editorial Diana, S.A. de C.V.
Arenal No. 24, Edificio Norte,
Ex Hacienda Guadalupe Chimalistac,
01050, México, D.F.
www.diana.com.mx

IMPRESO EN MÉXICO – PRINTED IN MEXICO

Desde lo más profundo de mi corazón
salió un pájaro y voló al espacio,
mientras más alto volaba más crecía.

Al principio era como una golondrina,
después como un águila,
de pronto como una nube de primavera
y por último, cubrió el cielo estrellado.

Sin embargo, no abandonó mi corazón.

Gibrán Jalil Gibrán

Contenido

9

*G*ibrán seguirá viviendo en los corazones de quienes lo tenemos presente en todos nuestros actos y sueños

Gibrán *significa el Soñador o Consolador de Almas y* **Jalil** *el Escogido o el Amigo Amado. Lo cual representa literalmente al gran hombre que con sus obras logra penetrar en lo más profundo del alma y hacer de la vida algo extraordinario.*

Gibrán nació el 6 de diciembre de 1883 en el norte de Líbano, en el

pueblo de Becharré y murió el 10 de abril de1931, en Nueva York.

Fue un hombre que amaba al ser en todo su esplendor y naturaleza:"En la voluntad humana, hay fuerza y anhelos que convierten en nosotros la bruma en soles".

Conservamos de él su gran pasión, su entrega y su gran sabiduría que perduran a través de los siglos. Gibrán es inmortal... él mismo escribió:
"Volveré para decir la palabra que se mueve ahora como las nubes, en la tranquilidad de mi alma ".

PRÓLOGO

¡Gracias, Gibrán! por heredarnos una obra de valor universal, patrimonio de todos los seres que decidimos recrearnos y gozar esa sabiduría que nos lleva por los caminos del espíritu y que refleja tu alma de libertad extraordinaria.

Es un placer comprender tus palabras sublimes y mágicas que contienen el encanto poético con estilo novelesco y parabólico en donde se ven personajes extraídos de cuentos orientales que permanecen en un sólido marco de amor y libertad.

15

Gibrán Jalil Gibrán, increíble poeta libanés, genio innato que irradió una espiritualidad de altos valores universales que es un auténtico testimonio de trascendencia, y nos induce a conservar los valores eternos si es que realmente queremos ser diferentes y elevarnos de una vida cotidiana e intranscendente a una existencia en donde la voluntad, el coraje, la valentía y sabiduría son los intérpretes principales de una vida plena de experiencias y de encuentros.

En un lenguaje sencillo y con un mar de sensibilidad, Gibrán nos dice que a través de las letras vivió la gloria del amor y la luz de la belleza y que en ambas vio los reflejos de Dios. Sus mensajes, bañados de sabiduría, no tienen época; con su exquisito estilo reflejan una veta de fina inspiración en un mundo diferente al real, pero que da sentido y orientación a nuestras vidas si lo hacemos propio.

Creo firmemente que sólo los hombres que trascienden como lo ha hecho Gibrán Jalil Gibrán tienen el derecho de anunciar:

"Lo que os digo con un solo corazón, será repetido por miles de corazones".

Esa verdad la lograremos vivir cuando enriquezcamos nuestro ser recreándonos con la grandeza de este extraordinario poeta que sigue en la mente de todos nosotros y al cual la humanidad le ha reservado un espacio preferencial, en donde seguirá mientras sus lectores lo sigamos prefiriendo y su obra devuelva a los seres humanos sus mensajes que guardamos en nuestro corazón.

Estos Momentos de Grandeza *usted los puede hacer propios para enriquecer o renovar su vida...*

Recordemos que la grandeza y la sabiduría anidan en los pensamientos, valores y acciones de los seres trascendentes.

Alfonso Lara Castilla
autor de *La búsqueda*

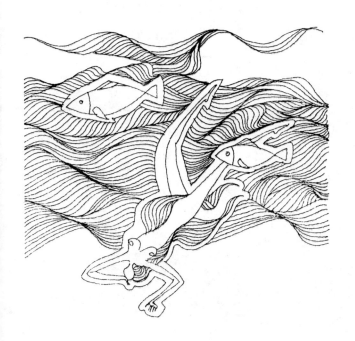

"Lo obvio nunca es visto
hasta que alguien lo exprese
con sencillez".

EL rey sabio

Una vez gobernaba en la remota ciudad de Wirani un rey que era temido por su poder y amado por su sabiduría.

En el corazón de aquella ciudad había un pozo de aguas frescas y cristalinas del cual todos los habitantes bebían, incluso el rey y sus cortesanos, porque no había otro pozo en Wirani.

Cierta noche, mientras todos dormían, entró una bruja en la ciudad, derramó siete gotas de un extraño líquido en el pozo, y dijo: "De ahora en adelante, todo el que beba de esta agua se volverá loco".

A la mañana siguiente, todos los habitantes, salvo el rey y su gran chambelán, bebieron del pozo y enloquecieron, tal como lo predijo la bruja.

Y desde aquel día, toda la gente en las estrechas calles y en la plaza pública, no hacían sino murmurar el uno al otro: "El rey está loco. Nuestro rey y su gran chambelán han perdido la razón.

No podemos ser gobernados por un rey loco. Debemos destronarlo".

Al anochecer, el rey ordenó que le llenaran un vaso de oro con agua del pozo. Cuando se lo trajeron, bebió rápidamente y dio a su gran chambelán para que bebiera también...

Y hubo gran emoción en la remota ciudad de Wirani, porque el rey y su gran chambelán habían recobrado la razón.

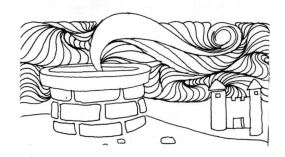

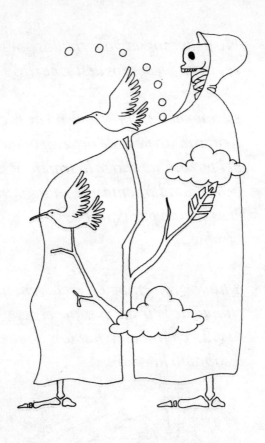

"El deseo es la mitad de la vida;
la indiferencia
es la mitad de la muerte".

El loco

En el jardín de un manicomio encontré a un joven de rostro pálido, amable y lleno de admiración. Me senté a su lado y le pregunté: "¿Por qué estás aquí?"

Me miró con sorpresa y dijo: "Es una pregunta necia, sin embargo, te responderé. Mi padre quiso hacer de mí una reproducción de sí mismo, y lo mismo mi tío. Mi madre soñaba tener en mí la imagen de su ilustre padre. Mi

*hermana quiso ponerme a su
esposo marino como ejemplo a
seguir. Mi hermano pensaba que
debería ser como él, un atleta
perfecto. Y mis maestros también;
el doctor de filosofía, el maestro de
música y el de lógica, ellos
también habían determinado que
yo fuese un reflejo de sus propias
caras en un espejo. Por todo eso
vine a este lugar. Lo encontré más
cuerdo. ¡Al fin, puedo ser yo
mismo!"*

*Entonces se volvió hacia mí y dijo:
"Pero dime, ¿tú también fuiste
impulsado a este lugar por
educación y buen consejo?"*

Respondí: "No, soy un visitante".
Y dijo él: "Ah, tú eres uno de esos
que viven en el manicomio, pero
al otro lado de la pared".

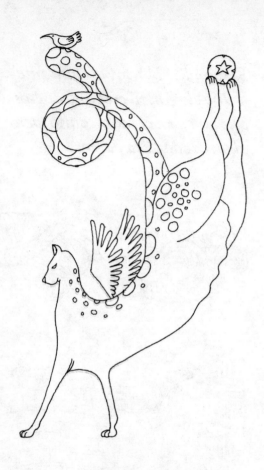

¡Cosa extraña!
¡Desear ciertos placeres
es una parte de mi dolor!

El mar mayor

*M*i alma y yo fuimos a bañarnos al mar grande. Cuando llegamos a la playa, anduvimos buscando un lugar escondido y solitario.

Mientras caminábamos vimos a un hombre sentado sobre una roca gris que sacaba de un saco pizcas de sal para arrojarlas al mar.

"Este es el pesimista", dijo mi alma. "Abandonemos este lugar. No podemos bañarnos aquí".

Caminamos hasta llegar a una ensenada. Allí vimos, de pie sobre una roca blanca, a un hombre que tenía en la mano un cofre incrustado de pedrería, del cual tomaba pedazos de azúcar que arrojaba al mar.

"Y este es el optimista", dijo mi alma. "Y él tampoco debe ver nuestros cuerpos desnudos".

Caminamos más y sobre una playa vimos a un hombre que recogía peces muertos para devolverlos cuidadosamente al agua.

"No podemos bañarnos delante de él tampoco", dijo mi alma. "Este es el filántropo".

Y seguimos adelante hasta llegar a un lugar donde vimos a un hombre trazando su sombra en la arena. Grandes olas venían y la borraban, pero él seguía trazándola una y otra vez.

"Este es el místico", dijo mi alma. "Dejémosle".

Caminamos más, hasta que en una tranquila caleta vimos a un hombre que recogía la espuma y la vaciaba en una taza de alabastro.

"Este es el idealista", dijo mi alma. "Tampoco debe ver nuestra desnudez".

Seguimos adelante y, de pronto, oímos una voz que exclamaba: "Este es el mar. Este es el profundo mar. Este es el vasto y poderoso mar". Cuando llegamos al lugar de donde salía la voz, vimos a unhombre con la espalda vuelta al mar, que con un caracol puesto en el oído, escuchaba su murmullo.

Mi alma dijo: "Pasemos. Este es el realista que da la espalda al todo, y como no lo puede abarcar, se ocupa tan sólo de un fragmento".

Y seguimos caminando. Entre las rocas, en un sitio lleno de algas, había un hombre con la cabeza enterrada en la arena, y pregunté a mi alma: "¿No podemos bañarnos aquí?, no puede vernos".

"No", dijo mi alma. "Este es el peor de todos ellos; es el puritano".

Una gran tristeza nubló el rostro de mi alma y amargó su voz. "Alejémonos de aquí, me dijo, porque no hay un solo lugar escondido y solitario dónde bañarnos. No consentiré que este viento alborote mi adorada cabellera, ni que este aire descubra mi blanco pecho, ni que la luz revele mi sagrada desnudez".

Entonces abandonamos aquel mar para buscar el Mar Mayor.

"Vivimos sólo para crear belleza,
todo lo demás es forma de esperar".

Lágrimas y risas

A la orilla del Nilo se encontraron una hiena y un cocodrilo. La hiena habló y dijo: "¿Cómo está pasando el día, señor cocodrilo?"

El cocodrilo respondió: "Muy mal. Algunas veces lloro mi dolor y mi pena, a lo cual las criaturas dicen: 'No son más que lágrimas de cocodrilo' y esto me lastima hasta el alma".

Entonces la hiena dijo: "Tú hablas de tu pena y de tu dolor, pero piensa en mí también. Yo contemplo la belleza del mundo, sus maravillas y milagros, y aunque no esté alegre, río tanto como el día; y por eso, los habitantes de la jungla dicen: 'No es sino la risa de la hiena' ".

Las dos jaulas

*H abía dos jaulas en el jardín de mi
padre. En una vivía un león que
los esclavos de mi padre trajeron
del desierto de Nínive, y en la otra
un gorrión que no cantaba.*

*Todos los días al amanecer, el
pájaro decía al león: "Buenos días
tengas, hermano prisionero".*

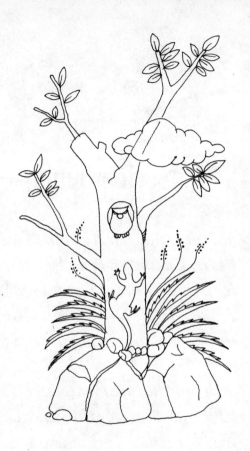

"Si un árbol pudiera escribir
la historia de su vida,
ésta no sería distinta
a la historia de una raza".

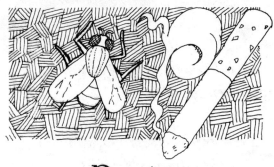

Poetas

*C*uatro poetas, sentados alrededor de una mesa, bebían vino.

Dijo el primer poeta: "Creo ver con mi tercer ojo la fragancia de este vino revolotear en el espacio como nube de pájaros en el bosque encantado".

El segundo poeta dijo: "Con mi oído íntimo puedo oír el canto de esos pájaros, y la melodía me oprime el corazón, igual que la rosa blanca cuando aprisiona a la abeja en sus pétalos".

El tercer poeta cerró sus ojos, levantó la mano y dijo: "Los toco con mi mano. Siento sus alas que, como la respiración de un hada dormida, rozan mis dedos".

Entonces, el cuarto poeta se levantó, y alzando su copa, dijo: "¡Amigos míos! Soy demasiado corto de vista, de oído y de tacto. No puedo ver la fragancia del vino, ni oír su canción, ni sentir el batir de sus alas. No percibo sino el vino mismo. Por ahora lo mejor será beberlo; tal vez agudice mis sentidos y me eleve hasta vuestras bienaventuradas alturas".

Y llevando la copa a sus labios, be-
bió hasta la última gota.

Los tres poetas, con la boca
abierta, lo miraron estupefactos,
y en sus ojos había una sed
inexplicable de odio.

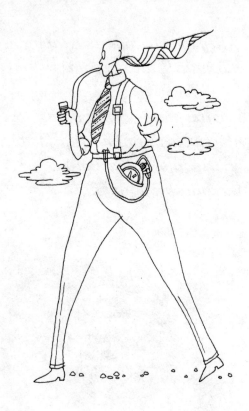

"Vuestra vida cotidiana,
es vuestro templo
y vuestra religión".

Sabiduría y
sabiduría a medias

uatro ranas se sentaron sobre un tronco que flotaba a la orilla de un río. De pronto, el tronco fue alcanzando por la corriente y arrastrado río abajo. Las ranas estaban encantadas y absortas, porque nunca habían navegado.

Después de un instante, la primera rana habló y dijo: "Este es en verdad el tronco más maravilloso.

Se mueve como si tuviera vida.
Jamás se conoció un tronco
semejante".

La segunda rana dijo: "No, amigas
mías este tronco es como cualquier
otro, y no se mueve. Es el río que
corre hacia el mar y nos lleva junto
con el tronco".

Y la tercera opinó: "Ni el tronco ni
el río se mueven. El movimiento
está en nuestra mente. Porque sin
el pensamiento nada se mueve".

Y las tres ranas empezaron a
discutir acerca de lo que realmente
se movía. La disputa se hizo más y
más enojosa, sin que ninguna de
ellas se pusiera de acuerdo en nada.

Entonces se volvieron hacia la cuarta rana, que las escuchaba atenta y en paz, le preguntaron su opinión.

La cuarta rana dijo: "Las tres tienen razón. El movimiento está en el tronco y en el agua, y también en nuestra mente".

Las tres ranas montaron en cólera, porque ninguna quería admitir que lo dicho por ella no fuese toda la verdad y que las otras dos no estuviesen completamente equivocadas.

Entonces sucedió una cosa extraña. Las tres se aliaron y arrojaron a la cuarta rana al río.

Si el invierno dijese:
"La primavera está en mi corazón",
¿quién le creería?

La muerte del poeta es su vida

*C*ayó la noche sobre la ciudad y la
nieve le prestó su vestuario. El frío
obligó a todos a refugiarse en sus
hogares. Los vientos se desataron
aullando con furor entre las casas,
igual que el orador ante las tumbas
de mármol, ante las víctimas de la
muerte.

En uno de los más desolados
barrios había una casa pobre,

cuyos muros empezaban a desplomarse bajo el peso de la nieve. En un rincón de aquella casa, sobre un miserable lecho, estaba un hombre agonizante que miraba a una débil lámpara. Era un joven en la flor de la edad, en espera del postrer viaje para librarse de las cadenas de la vida. En su rostro brillaba la luz de la esperanza y en sus labios se dibujaba una sonrisa triste. Era un poeta predestinado para endulzar el corazón del hombre con sus hermosos cantos, y que ahora moría de hambre en una gran ciudad. Alma noble que llegó con la gracia para alegrar la vida, y luego, despedirse de nosotros antes

de que la humanidad le sonriese.
Exhalaba su último aliento; cerca
de él no había más que una
lámpara, fiel compañera de su
soledad, y papeles que contenían la
esencia de su inspirado corazón.

Aquel joven levantó los brazos
hacia el cielo, movió sus marchitas
pupilas como si quisiera atravesar
con una última mirada el techo de
aquella ruinosa cabaña y ver las
estrellas ocultas tras las nubes, e
imploró:

"Ven, oh muerte bella, mi alma te
desea. Acércate y rompe las
cadenas de la materia que ya me
cansé de arrastrar. Ven, oh dulce

muerte, arrebátame de los humanos que me consideran extraño a ellos, tan sólo porque traduzco a su idioma lo que escucho de los ángeles. Apresúrate, los hombres me han abandonado en los rincones del olvido y la miseria, porque jamás ambicioné el oro ni esclavicé a los débiles. Ven, oh muerte anhelada y llévame; aquí en mi tierra no me necesitan. Abrázame a tu pecho. Besa mis labios que no han probado el amor materno, ni acariciado las manos de una hermana, ni besado los labios de la amada".

De pronto, apareció cerca del lecho del moribundo el espectro de una mujer de belleza sobrehumana, que lucía más blanca que la nieve y llevaba en las manos una corona de nardos. La mujer se acercó a él, lo abrazó, le cerró los ojos y besó sus labios con amor.

En ese instante la casa quedó vacía, sin conservar sino uncadáver y algunos papeles regados por los rincones más oscuros.

Pasaron los siglos, los habitantes de aquella ciudad —sumidos durante tanto tiempo en el sopor de la ignorancia y la preocupación— en cuanto vino el despertar y sus ojos vieron la aurora de la sabiduría, erigieron un monumento al poeta en la mejor plaza de la ciudad.

¡Oh mortal, cuán cruel eres en tu ignorancia!

La estatua

Hubo una vez en la montaña un hombre dueño de una estatua labrada por un antiguo maestro. Estaba en el jardín de su casa, a la vista de todos, y para él no tenía interés alguno.

Un día pasó por su casa un hombre culto, y al ver la estatua preguntó a su dueño si la vendía.

El dueño se rió y dijo: "Quisiera saber quién es el que desea comprar

esa piedra tan fea y sucia".
El hombre respondió: "Yo te daré
esta pieza de plata por ella".

El dueño estaba asombrado y
encantado. La estatua fue
trasladada a la ciudad sobre el
lomo de un elefante. Después de
muchas lunas, el hombre de la
montaña visitó la ciudad, y al
pasar por las calles vio a una
muchedumbre ante una tienda y a
un hombre que con voz recia
gritaba: "Pasen y contemplen la
más hermosa estatua del mundo.
Solamente dos piezas de plata por
admirar el trabajo más
maravilloso de un maestro".

Entonces el hombre de la montaña pagó dos piezas de plata y entró a ver la estatua que él mismo había vendido por una sola pieza.

"La razón y la pasión
son el remo y las velas
de vuestra alma marina".

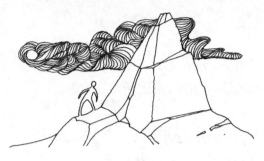

El santo

*E*n mi juventud visité una vez a un santo en su apartado bosque al otro lado de la montaña, y mientras conversábamos sobre la naturaleza de la virtud bajó de la colina un ladrón.

Cuando llegó a nosotros se arrodilló ante el santo y dijo: "Quisiera ser confortado. Mis pecados pesan sobre mí". El santo replicó: "Mis pecados también pesan sobre mí".

Y el ladrón dijo: "Pero yo soy un ladrón y un asaltante".

Y el santo respondió: "Yo también soy ladrón y asaltante".

Entonces el ladrón dijo: "Pero yo soy un asesino; la sangre de muchos hombres grita en mis oídos".

Y el santo replicó: "Yo también soy asesino y en mis oídos clama la sangre de muchos hombres".

El ladrón replicó: "He cometido crímenes incontables".

Y el santo respondió: "Yo también he cometido incontables crímenes."

*Entonces el ladrón se levantó y
miró fijamente al santo. Había
una extraña mirada en sus ojos, y
cuando nos abandonó fue subiendo
a brincos la colina.*

*Volviéndome hacia el santo dije:
"¿Por qué te acusaste de crímenes
no cometidos? ¿No ves que este
hombre se fue sin creer más en ti?"*

*Entonces el santo me respondió:
"Es verdad que él no creerá más en
mí. Pero se fue muy confortado".
En aquel momento oímos al
ladrón cantar, y el eco de su canción
llenó el valle de alegría.*

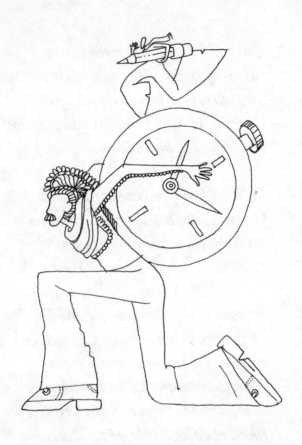

"Las palabras son intemporales.
Debes preferirlas o escribirlas con
conocimiento de su intemporalidad".

El gran anhelo

Heme aquí sentado entre mi hermano el monte y mi hermana la mar. Los tres somos uno en soledad y el amor que nos une es profundo, fuerte y extraño. Es más profundo que la profundidad de mi hermana la mar y más fuerte que la fuerza de mi hermano el monte y más extraño que la extrañeza de mi locura.

Siglo tras siglo ha transcurrido desde que la primera aurora nos

hizo visibles unos a otros y aunque
hemos visto el nacimiento, la
madurez y la muerte de muchos
mundos, somos aún entusiastas y
jóvenes. No obstante, estamos en
soledad y sin visitas; y aunque
vivimos en eterno abrazo, nos
sentimos desconsolados.

¿Y qué deseo puede haber para el
deseo contenido y la pasión
incansable? ¿De dónde vendrá el
ardiente dios para calentar el lecho
de mi hermana? ¿Y qué amorosa
lluvia apagará los cráteres de mi
hermano? ¿Y cuál es la mujer que
reinará en mi corazón?

En la quietud de la noche, mi hermana murmura en su sueño el ignorado nombre del ardiente dios y mi hermano invoca la fría y distante diosa. Pero yo no sé a quién llamar en mi sueño.

Heme aquí sentado entre mi hermano el monte y mi hermana la mar. Los tres somos uno en soledad, y el amor que nos une es profundo, fuerte y extraño.

"El que comparte tus placeres,
mas no tus penas,
perderá las llaves
de una de las siete puertas del paraíso".

La pesquisa

*H*ace mil años dos filósofos se encontraron en el Líbano y uno le dijo al otro: "¿A dónde vas?"

El otro contestó: "Estoy buscando la fuente de la juventud que yo sé que brota entre las montañas. He encontrado escritos que dicen que esa fuente crece hacia el sol. ¿Y tú, qué buscas?"

El primer hombre contestó: "Busco el misterio de la muerte".

Entonces, cada filósofo pensó que el otro estaba equivocado y empezaron a reñir acusándose mutuamente de ceguera espiritual".

Mientras gritaban al viento, un extranjero, que era considerado bobo en su pueblo, pasó por allí y al oír a los dos en tan fuerte discusión, se detuvo a escuchar sus argumentos.

Se acercó y dijo: "Buenos hombres, creo que ambos pertenecen a la misma escuela de filosofía y que hablan de la misma cosa, sólo que lo hacen con diferentes palabras. Uno de ustedes busca la fuente de *la juventud y el otro el misterio de la muerte. Y en verdad, no son más que una, y como tal, está en ambos".*

Luego el extranjero se fue y dijo: "Adiós, sabios". Y a medida que se alejaba reía con suavidad.

Los dos filósofos se miraron en silencio y después se rieron también. Y uno de ellos dijo: "Bueno, ¿no debemos caminar y buscar juntos?"

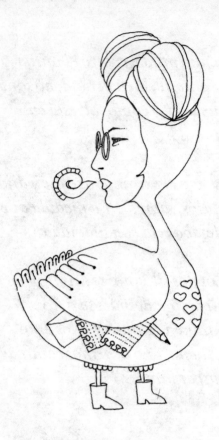

"Y no permitáis
que exista interés alguno
en la amistad,
salvo del espíritu".

Desde lo más profundo

*D*esde lo más profundo de mi
corazón salió un pájaro y voló al
espacio. Mientras más alto volaba,
más crecía.

Al principio era como una golondrina, luego como una alondra,
después como un águila; de pronto
era tan grande como una nube de
primavera, y por último cubrió el
cielo estrellado.

Desde mi corazón, un pájaro voló al cielo, y se volvía más grande conforme más volaba. Sin embargo, no abandonó mi corazón.

¡Ah, mi fe, mi acostumbrado saber! ¿Cómo volar hasta ti y juntos admirar, dibujando en el cielo, lo más grande y noble del ser?

¿Cómo convertir en bruma este mar que llevo dentro y errar contigo en el espacio inmenso?

¿Cómo puede un prisionero en el templo, contemplar sus doradas cúpulas?

¿Cómo puede el corazón de una fruta dilatarse hasta envolver a la fruta misma?

¡Oh, fe mía!, encadenado detrás de estas barras de plata y ébano, no puedo volar contigo.

Desde mi corazón te elevas al espacio; es mi corazón el que te sujeta y soy feliz.

"La tribuna de la humanidad
está en su callado corazón,
nunca en su mente bulliciosa".

El más grande yo

*H*ace mucho tiempo que sucedió
esto. Después de su coronación,
Nufsibaal, rey de Biblos, se retiró a
la alcoba que los tres magos
eremitas habían construido para
él. Se quitó la corona, el vestido
real y, parado en medio del
cuarto, pensó en sí mismo.

De pronto, vio salir a un hombre
desnudo del espejo de plata que su
madre le había regalado.

El rey, alarmado, gritó: "¿Qué deseas?"

El hombre desnudo respondió: "Sólo deseo saber esto. ¿Por qué te coronaron?"

Y el rey contestó: "Porque soy el hombre más noble del reino".

El hombre desnudo dijo: "Si fueras aún más noble, no querrías ser rey".

Y aquél respondió: "Me coronaron porque soy el hombre más poderoso del reino".

El hombre desnudo volvió a decir: "Si fueras aún más poderoso, no querrías ser rey".

Entonces el rey contestó: "Por ser el hombre más sabio, fui coronado".

Y el hombre desnudo repitió una vez más: "Si fueras aún más sabio, no escogerías ser rey".

Entonces, el rey cayó al suelo y lloró amargamente.

El hombre desnudo lo miró. Luego, tomó la corona y con ternura la colocó de nuevo sobre la cabeza inclinada del rey y mirándolo compasivamente, entró en el espejo.

El rey se levantó, se miró al espejo y no vio en él más que a sí mismo coronado.

"Tuve un segundo nacimiento cuando
mi alma y mi cuerpo se amaron
uno a otro y fueron desposados".

La bailarina

Una vez vino a la corte del príncipe de Birkasha una bailarina con sus músicos. Fue admitida por el príncipe y bailó ante él al son de flautas y cítaras.

Bailó la danza de las llamas y las danzas de las espadas; bailó la danza de las estrellas y la danza del espacio, y luego bailó la danza de las flores al viento.

Después, se paró ante el trono del príncipe y arqueó su cuerpo. El príncipe le rogó que se acercara y dijo: "Hermosa mujer, hija de la gracia y el deleite, ¿de dónde proviene tu arte y cómo puedes regir a todos los elementos a tu ritmo?"

La bailarina se arqueó nuevamente ante el príncipe, y contestó: "Poderosa y graciosa majestad, yo no sé la respuesta a tus preguntas. Solamente sé que el alma del filósofo vive en su cabeza; el alma del poeta está en su corazón; el alma del cantante se consume en su garganta; pero el alma de una bailarina vive en todo su cuerpo".

El filósofo
y el zapatero

*U*na vez llegó a la tienda de un
zapatero un filósofo con los
zapatos gastados, dijo al zapatero:
"Por favor remienda mis zapatos".

*El zapatero dijo: "Estoy
remendando ahora los de otro
hombre, y todavía tengo otros que
parchar antes que los tuyos. Pero
deja tus zapatos aquí; mientras*

tanto usa este otro par, y vuelve
mañana por el tuyo".

Entonces el filósofo se indignó y
dijo: "No usaré otros que no sean
los míos".

El zapatero respondió: "Entonces
eres, en verdad, un filósofo y no
puedes meter tus pies en los zapatos
de otro hombre. En está misma
calle hay otro zapatero que
entiende a los filósofos mejor que
yo. Ve con él para que te los
remiende".

El rey ermitaño

*E*n un bosque entre las montañas,
vivía un joven solitario que había
sido rey de un vasto reino situado
más allá de los Dos Ríos, de quien
la gente decía que por su propia
voluntad había dejado su trono
para retirarse al bosque.

Entonces me dije: "Buscaré a ese
hombre y conoceré el secreto de su
corazón: porque aquel que
renuncia a un reino debe ser más
grande que el reino".

Ese mismo día fui al bosque y lo
encontré sentado a la sombra de un
ciprés. En su mano tenía un bastón
en vez de un cetro. Lo saludé como
a un rey.

Se volvió hacia mí y gentilmente,
dijo: "¿Qué haces en este sereno y
lejano lugar? ¿Buscas a tu propio
ser o un refugio en tu ocaso?"

Y respondí: "Te busco para saber
qué te hizo dejar un reino por un
bosque".

Y él dijo: "Mi historia es breve, tan
rápida como el reventar de una
burbuja. Sucedió así: un día que
estaba sentado en una ventana de

mi palacio, mi ministro y el embajador de un país extranjero paseaban por el jardín, y al pasar por debajo, el ministro habló de sí mismo, y dijo: 'Yo soy como el rey; tengo sed de vino fuerte y hambre por todos los juegos de azar, y como él, tengo tempestades de carácter violento'. El ministro y el embajador desaparecieron, pero al instante regresaron, y esta vez, el ministro habló de mí, y dijo: 'Mi señor el rey es como yo, un buen tirador, y como yo, ama la música y se baña tres veces al día' ".

Por último, el rey agregó: "Al atardecer de aquel día, salí del palacio con un solo vestido; no

quería gobernar por más tiempo a
los que adoptan mis vicios y me
atribuyen sus virtudes".

Yo exclamé: "Esto es ciertamente
una maravilla y un suceso
extraño".

Pero él dijo: "No, amigo mío, tú
llamas a la puerta de mis silencios
y recibes poca cosa. ¿Quién no
cambia un reino por un bosque,
donde las estaciones cantan y
bailan sin cesar? Muchos son los
que han dejado su reino por algo
menos que el bosque y por la dulce
intimidad de estar solos.
Incontables son las águilas que
descienden de las alturas para vivir

con los topos que conocen los secretos de la tierra. Hay quienes renuncian al reino de los sueños para asemejarse a los que no sueñan. Y hay quienes renuncian al reino de la desnudez, y cubren sus almas para que otros no sientan vergüenza al contemplar la verdad desnuda y la belleza sin velos. Y más grande aún que todos ellos, es el que renuncia al reino del dolor para no mostrar orgullo ni vanagloria". Luego, levantándose, se apoyó en su bastón, y dijo: "Ve ahora a la ciudad y observa a todos los que entran en ella, y también a los que salen. Procura encontrar al que, nacido rey, esté sin reino; al que, gobernando en carne, gobierna en espíritu sin que nadie lo advierta, y al que, pareciendo gobernar, es en realidad, esclavo de sus propios esclavos".

Después me sonrió, había miles de auroras en sus labios, y volviéndose se adentró en el corazón del bosque.

Regresé a la ciudad para ver a los que pasaban, tal como me aconsejó. A partir de entonces, son incontables los reyes cuyas sombras han pasado sobre mí y muy pocos los súbditos a los que mi sombra ha cobijado.

Sueños

*U*n hombre soñó, y cuando despertó
fue con el adivino para que le
explicara su sueño.

*Aquél le dijo: "Ven a mí con tus
sueños cuando más despierto estés y
te diré su significado. Pero los
sueños de tu sueño no pertenecen a
mi sabiduría ni a tu imaginación".*

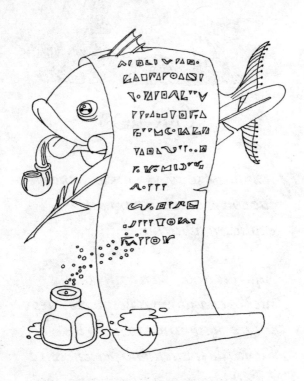

"La belleza es un secreto
que llena nuestro espíritu de admiración,
es un fluido invisible que oscila
entre el sentimiento y la realidad".

Los dos cazadores

*U*n día del mes de mayo, la alegría y
la tristeza se encontraron a la orilla
de un lago. Se saludaron la una a
la otra, y se sentaron a conversar
cerca de las quietas aguas.

La alegría habló de la belleza que
existe sobre la tierra y de las
cotidianas maravillas de la vida en
los bosques y entre las montañas, y
de las canciones que se oyen al
amanecer y a la caída de la tarde.

La tristeza también habló y estuvo de acuerdo en todo lo que dijo la alegría. Pero la tristeza conocía la magia del ahora y la belleza que encerraba. Y estuvo elocuente cuando habló de mayo en los campos y entre las montañas.

Así, la alegría y la tristeza hablaron mucho tiempo y estuvieron de acuerdo en todas las cosas que sabían.

Pasaron al otro lado del lago dos cazadores, y cuando miraron a través del agua, uno de ellos dijo: "Quisiera saber quiénes son esas dos personas", el otro dijo: "¿Dijiste dos? Yo sólo veo una".

El primer cazador dijo: "Pero hay dos". Y el segundo dijo: "No veo más que una, y el reflejo en el lago es sólo de una".

"No, hay dos", dijo el primer cazador, "y el reflejo en las tranquilas aguas es el de dos personas".

Pero el segundo hombre dijo de nuevo: "Solamente veo una". Y de nuevo el primero: "Yo veo a dos con mucha claridad".

Y aún hoy en día, un cazador dice que el otro ve doble, mientras que el otro dice: "Mi amigo está un poco ciego".

"La inspiración siempre cantará
y jamás explicará".

Dios

*E*n los primeros días, cuando el
primer temblor del idioma llegó a
mis labios, subí a la montaña
sagrada y le hablé a Dios diciendo:
"Señor, yo soy tu esclavo. Tu oculta
voluntad es mi ley y te obedeceré
eternamente".

Pero Dios no respondió y pasó
como la tempestad.

Después de mil años subí a la
montaña sagrada y le hablé de

nuevo a Dios diciendo: "Creador,
soy tu criatura. Del barro me
formaste y en todo me debo a ti".

Y Dios no respondió, pero pasaron
como un millón de alas veloces.

Y después de mil años más subí a la
montaña sagrada y hablé a Dios
por tercera vez, diciendo: "Padre,
soy hijo tuyo. Por piedad y amor
me diste nacimiento. Por amor y
devoción heredaré tu reino".

Pero Dios no respondió.

Después de otros mil años subí a la
montaña sagrada y de nuevo hablé
a Dios diciendo: "Dios mío, mi ser

y mi sumisión; yo soy tu ayer y tú
eres mi mañana. Yo soy tu raíz en
la tierra y tú eres mi flor en el cielo
y juntos creceremos ante la faz del
sol".

Entonces, Dios se inclinó hacia mí
y murmuró en mis oídos palabras
de dulzura; y así como el mar
envuelve el arroyo que se vierte
en él, así me envolvió.

Y cuando descendí a los valles y
llanuras, Dios estaba allí también.

"Soy la flama y soy el seco matorral,
y una parte de mí consume a la otra".

El ratón y el gato

*C*ierto atardecer, se encontraron un poeta y un campesino. El poeta era huraño y el campesino tímido; sin embargo, conversaron.

El campesino le dijo: "Permíteme contarte un cuento. Un ratón fue cogido en una trampa, y mientras comía feliz el queso que allí había, el gato lo esperaba. El ratón tembló al instante, mas se acordó que estaba seguro en la trampa.

97

Entonces el gato le dijo: 'Estás comiendo tu último alimento'. 'Sí, respondió el ratón, sólo tengo una vida, y por lo tanto, una muerte. Pero pobre de ti. Me han dicho que tienes nueve vidas. ¿No quiere esto decir que tendrás que morir nueve veces?' "

El campesino terminó su cuento, miró al poeta y dijo: "¿No es esto un cuento extraño?" El poeta no respondió y siguió su camino, pensando: "Para estar seguros de las nueve vidas, necesitamos vivir nueve veces y morir nueve. Cogido en una trampa, quizá fuera mejor tener una sola vida, la del campesino, con un poco de queso

*como último alimento. Y aun así,
¿no somos del mismo linaje de los
leones del desierto y de la jungla?"*

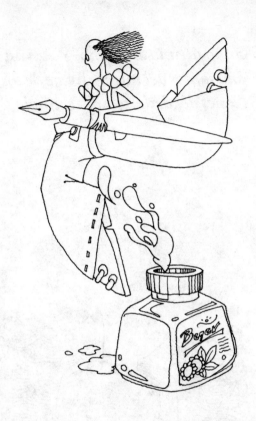

"Cuando la vida no encuentra
un cantor que cante su corazón,
produce un filósofo que
exprese su mente".

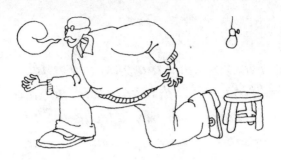

El otro idioma

7res días después de mi nacimiento, cuando estaba en mi cuna de seda, contemplando con extraño desfallecimiento el nuevo mundo a mi alrededor, mi madre preguntó a la nodriza: "¿Cómo está mi hijo?"

Y la nodriza respondió: "Está bien, señora. Lo amamanté tres veces y nunca he visto que un niño tan pequeño fuese tan alegre".

*Mas yo estaba indignado, y grité:
"No es verdad, madre mía, porque
mi cama es dura y la leche que he
mamado es amarga a mi paladar, y
el olor del pecho es repugnante a
mi olfato, soy el más desdichado".*

*Pero mi madre no entendió y la
nodriza tampoco, porque el
idioma que yo hablaba era el del
mundo del cual yo venía.*

*Y el vigesimoprimer día de mi
vida, cuando me estaban
bautizando, el sacerdote dijo a mi
madre: "En verdad debes estar
muy feliz de que tu hijo haya
nacido cristiano".*

Mas yo estaba sorprendido, y dije
al sacerdote: "Entonces su madre
que está en el cielo ha de ser infeliz,
porque usted no ha nacido
cristiano".

Pero el sacerdote tampoco
entendió mi lenguaje.

Y pasadas siete lunas, me miró un
adivino y le dijo a mi madre: "Su
hijo será un estadista y un
formidable conductor de
hombres".

Mas yo grité: "Esa es una falsa
profecía, porque yo seré músico y
nada más que músico".

Pero aún a esa edad no se comprendía mi idioma, y fue grande mi asombro.

Y después de treinta y tres años durante los cuales mi madre, la nodriza y el sacerdote ya habían muerto (la sombra de Dios caiga sobre sus almas), vivía aún el adivino, a quien encontré ayer junto a la puerta del templo; y mientras conversábamos, me dijo: "Yo siempre dije que llegarías a ser un gran músico".

Y le creí, porque ahora yo también he olvidado el idioma de aquel otro mundo.

La perfección

*M*e preguntas, hermano mío, cuándo
será perfecto el hombre. Pues
escucha mi respuesta:

*Se dirige éste hacia la perfección
cuando siente que es el espacio sin
contornos y sin límites; que es el
mar sin riberas y sin playas; que es
el fuego siempre encendido; la luz,
eternamente esplendorosa; los
vientos, tranquilos o borrascosos;
las nubes, con la lluvia, el
relámpago y el trueno; los arroyos*

risueños; los árboles florecidos en primavera y desnudos en otoño; los montes, los valles profundos y los campos, ya sean estériles o fértiles.

Si el hombre se identifica con todas estas cosas, alcanza la mitad del camino de la perfección. Pero si desea llegar a la meta, debe identificarse con su ser íntimo.

Debe sentirse el niño que se refugia en su madre; el joven extraviado entre su amor y sus esperanzas; el hombre maduro que lucha entre su pasado y su porvenir; el anciano que responde por su familia; el religioso en la celda; el criminal en la prisión; el sabio entre sus libros y sus documentos; el ignorante entre lo tenebroso de la noche y la oscuridad de su día; la monja entre las flores de su fe y las espinas de su melancolía; la ramera entre los colmillos de su debilidad y las garras de sus necesidades; el pobre entre su amargura y sumisión; el rico entre su codicia y su obediencia, y el poeta entre las nieblas de su crepúsculo y la claridad de sus deslumbramientos. Si puede el hombre conocer y sentir todas estas cosas, alcanzará la perfección, convirtiéndose, entonces, en una de las sombras de Dios.

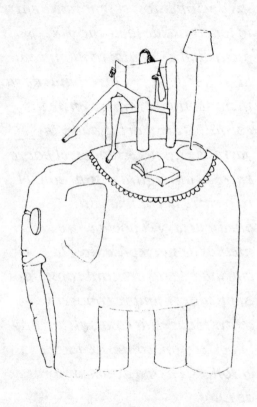

"El amor
es un sagrado misterio".

Me preguntáis cómo

*M*e preguntáis cómo me volví loco. *Fue así: un día, mucho antes que nacieran varios dioses, desperté de un profundo sueño y hallé que se habían robado todas mis máscaras, siete máscaras que modelé y usé durante siete vidas.*

Y ya sin máscara, corrí por las populares calles gritando: "¡Ladrones!... ¡ladrones!... ¡malditos ladrones!"

Hombres y mujeres se rieron y algunos corrieron a sus casas temerosos de mí.

Y cuando llegué a la plaza pública, un joven, desde lo alto de un tejado gritó: "¡Es un loco!", alcé la vista para mirarlo, el sol besó mi desnudo rostro por primera vez y mi alma se inflamó de amor por él, y nunca más quise mis máscaras. Y como en éxtasis grité: "¡Benditos los ladrones que robaron mis máscaras!"

Así fue como me volví loco. Y en mi locura hallé libertad y aislamiento y la salvación de ser comprendido: los que nos comprenden esclavizan algo de nosotros.

Sin embargo, evito que me vuelva orgulloso mi salvación, ya que ni el ladrón en una cárcel está a salvo de otro ladrón.

"Toda cosa grande,
majestuosa y bella en este mundo,
nace y se forja
en el interior del hombre".

Visión

La juventud caminaba delante de mí, yo seguí sus pasos hasta un campo distante donde contemplamos a las nubes que vagaban cual rebaño de blancas ovejas y los árboles cuyas desnudas ramas apuntaban hacia las alturas como si implorasen del cielo el retorno de su verde follaje.

Y pregunté: "¿Dónde estamos, oh juventud?"

Me respondió: "Estamos en el campo de la duda. ¡Despierta!"

Y dije: "¡Volvamos!, la soledad del lugar me da pavor, y el contemplar las nubes y los árboles desnudos entristece mi alma".

Y respondió: "¡Espera! La duda es el principio del conocimiento".

Después observé que una mujer bellísima se acercaba a nosotros como sombra vaga, y con extrañeza, grité: "¿Quién es?..."

Mi juventud contestó: "Es Melpómene, hija de Júpiter, musa de la tragedia". Y dije: "¿Qué desea de mí la tragedia cuando tú *me acompañas, oh alegre juventud?"*

Me respondió: "Vino a mostrarte el mundo y sus dolores. Quien no conoce el dolor no sabe de la alegría".

De súbito, la hermosa mujer cubrió mis ojos con su mano, y al quitarla no vi más a mi juventud. Sentí mi alma libre de la materia y pregunté: "Oh hija de los dioses, ¿dónde está la juventud?"

No tuve respuesta. Entonces la diosa me envolvió con sus alas y volamos hasta la cima de una alta montaña. Desde allí vi la tierra y todo lo que cubre su faz, como si fuera una simple hoja sobre la cual se dibujaban con negras líneas los secretos de sus habitantes.

De pie, respetuoso al lado de la mujer, meditaba sobre los enigmas humanos y trataba de descifrar los símbolos de la vida. Vi, y ojalá no hubiera visto.

Vi a los ángeles de la felicidad combatir a los demonios del infortunio, y entre ambos, al hombre inclinarse unas veces admirado hacia la esperanza y otras, hacia la desesperación.

Vi al amor y al odio jugar con el corazón humano: al uno encubrir sus faltas y embriagarlo con el licor

del deseo, y desatar su lengua para
elogiar y hablar con adulación; al
otro, impulsarlo a las discordias,
apartándolo de la verdad y
tapando sus oídos al buen decir.

Vi a la ciudad, sentada cual
prostituta, siempre en acecho de los
hijos de Adán, y vi campos
hermosos en la lejanía añorando al
hombre.

Vi a los adivinos engañar como los
zorros, a los falsos Cristos desviar
los anhelos del alma, y al hombre,
pedir a gritos auxilio a la
sabiduría, mientras ésta huía
ofendida por no escucharla cuando
lo llamó en público.

Vi a los sacerdotes alzar sus ojos al cielo, mientras enterraban su corazón en los sepulcros de la codicia.

Vi a los jóvenes jurarse afecto y acercarse con promesas llenas de arrebato, mientras vivían alejados de Dios y del prójimo.

Vi a los juristas comerciar con sus discursos en las calles del engaño y la hipocresía, y a los médicos jugar con el alma de los simples crédulos.

Vi al ignorante conversar con el sabio, exaltar su pasado hasta el trono de la gloria, cifrar su presente en los caprichos de la fortuna y fincar su futuro con promesas del fugaz lecho del éxito.

Vi a los pobres indefensos sembrar y a los poderosos cosechar y comer, mientras la injusticia, que la gente tiene por ley, se encontraba activa.

Vi a los secuaces de la ignorancia robar tesoros del espíritu, y a los guardianes de la luz sumidos en el sopor de la indiferencia.

Vi a la mujer como arpa en manos del hombre que no sabe pulsar sus cuerdas y sólo produce disonancias.

Vi a la libertad vagar sola por las calles y pedir un alojamiento que todos le negaban.

Después vi a la tiranía con una poderosa comitiva que la gente llamaba libertad.

Vi a la religión sepulta en los libros y a la idolatría sustituirla.

Vi al hombre vestir con integridad el ropaje de la cobardía, dar apodo a la falta de voluntad y llamar a la valentía con el nombre de temor.

Vi al impostor sentarse a la mesa de la cultura y al sabio permanecer callado.

Vi al derrochador, en cuyas manos el dinero es red de maldades, y al avaro, en cuyas manos es causa de desprecio.

En las manos del sabio no vi
dinero.

Después de haber visto todas estas
cosas exclamé, dolorido de esta
pavorosa visión: "¿Es este el
mundo, oh hija de los dioses? ¿Es
este el hombre?" Con calma
hiriente, respondió:

"Este es el camino del alma, lleno
de injusticias. Esta es la sombra del
hombre. Esta es la noche pero
sobrevendrá la aurora".

Después, puso su mano sobre mis
ojos, y al quitarla, me encontré con
mi juventud.

"Si todo lo que dicen del bien
y del mal fuese verdad,
mi vida sería una cadena de crímenes".

La sombra

*U*n día de junio, el césped dijo a la sombra de un olmo: "Tú te mueves a derecha e izquierda demasiado seguido y me quitas la tranquilidad".

La sombra contestó: "Yo no. Arriba hay un árbol que se mueve al viento, de este a oeste, entre el sol y la tierra".

El césped miró hacia arriba y por primera vez vio al árbol. Y se dijo

123

en su corazón: "Hay un césped más grande que yo".

Y el césped guardó silencio.

Dijo una hoja
de hierba

*U*na hoja de hierba dijo a una hoja
de otoño: "¡Cuánto ruido haces al
caer! Espantas todos mis sueños de
invierno".

Dijo la hoja indignada: "¡Tú,
nacida en lo bajo, habitante de lo
bajo! ¡Petulante y afónica cosa! Tú
no vives en las alturas y desconoces
la música del canto".

Luego la hoja de otoño cayó en la tierra y se durmió. Y cuando llegó la primavera, despertó de su sueño y era una hoja de hierba.

Cuando llegó el otoño y fue presa de su sueño de invierno, y sobre ella caían las hojas que llenaban el aire, murmuró para sí misma: "¡Oh, estas hojas de otoño! ¡Hacen tanto ruido! Espantan todos mis sueños de invierno".

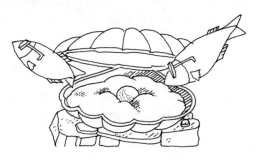

La perla

*u*na ostra dijo a su vecina: *"Llevo un gran dolor dentro de mí. Es pesado y redondo, me siento angustiada".*

Y la otra replicó con arrogante complacencia: "¡Alabados sean los cielos y el mar! Yo no llevo dolor dentro de mí. Estoy sana por fuera y por dentro".

En aquel instante pasaba un cangrejo que había escuchado a las dos ostras, y dijo a la que estaba

127

bien por fuera y por dentro: "Sí, tú estás sana y completa, pero el dolor que tu vecina soporta es una perla de incomparable belleza".

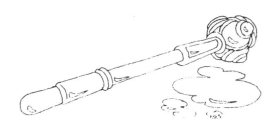

El cetro

*D*ijo un rey a su esposa: "Mujer, no
eres en verdad una reina. Eres
demasiado vulgar y sin gracia para
ser mi esposa".

Dijo la esposa: "Señor, tú te crees
rey, pero ciertamente no eres más
que un pelele".

Estas palabras enojaron al rey,
tomó su cetro y mató a la reina.

En ese momento entró el primer
ministro y dijo: "¡Majestad! Ese
cetro fue hecho por el mejor artista
de la tierra. ¡Ah! Algún día usted y
la reina serán olvidados, pero el
cetro será guardado como cosa
bella de generación en generación.
Y ahora que has derramado sangre
de la cabeza de su Majestad, este
será el cetro más famoso que
registre la historia".

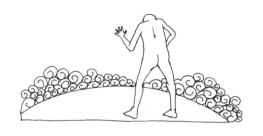

El pensamiento

7oda cosa grande, majestuosa y bella en este mundo, nace y se forma en el interior del hombre gracias a una sola idea y a un solo sentimiento. Todos los acontecimientos verdaderos y positivos que nos legaron los siglos pasados, fueron, antes de realizarse, una idea oculta en la razón y en la mente de un hombre, o un sentimiento sutil en el corazón de una mujer.

*Las fatídicas guerras, manantiales
de un caudaloso río de sangre
inocente, fueron el producto de un
sueño que se incubó en el cerebro
de un hombre. Los
acontecimientos bélicos y las
guerras dolorosas que destruyeron
tronos y derrumbaron reinos,
surgieron de una idea absurda en
la mente de un solo hombre.*

*Las enseñanzas sublimes que
transforman el curso de la vida
humana, son inclinaciones
románticas en el espíritu de un
solo hombre a quien, por su genio,
se le considera extraño a su
ambiente. Una sola idea erigió las
pirámides; un sentimiento fatal*

destruyó a Troya; una sola palabra incendió la biblioteca de Alejandría y un ideal fecundo creó la gloria del islam.

Un pensamiento que se apodera de nosotros en la quietud de la noche nos conduce a la gloria o a la locura. La mirada lánguida y serena de una mujer nos convierte en el más feliz de los hombres o en el más desgraciado. Una palabra nos puede convertir en ricos después de la pobreza, y en paupérrimos después de la opulencia... Una sola palabra pronunciada por Salma en aquella noche serena, me colocó entre mi pasado y mi futuro, cual

*embarcación entre la profundidad
de los mares y las cimas del espacio.*

*Una palabra significativa me
despertó del sueño de la
adolescencia inexperta y solidaria,
y condujo mis días por un nuevo
sendero hacia el mundo del amor,
donde se reúnen la vida y la
muerte.*

El rey

*E*l pueblo de Sadik rodeó el palacio
de su rey y se declaró en rebeldía.
Entonces, el rey bajó las gradas del
palacio llevando la corona en una
mano y el cetro en la otra. La
majestad de su presencia silenció a
la multitud. Se enfrentó a todos y
dijo: "Amigos míos, que no seréis
por más tiempo súbditos, les cedo
mi corona y cetro. Quiero ser uno
de ustedes para bien de la patria.
El rey no hace falta. Vayamos a los
campos y a los viñedos a trabajar

135

mano a mano. Sólo que tienen que decirme a qué campo o viñedo debo ir. Desde ahora todos somos el rey".

El pueblo quedó maravillado y reinó la quietud, porque el rey que tenían resolvió su descontento entregándoles corona y cetro para ser uno de ellos.

Y así, cada quien tomó camino y el rey fue acompañado por un hombre al campo.

Pero el reino de Sadik no mejoró sin rey y volvió la niebla del descontento. La gente pedía en la plaza del mercado ser gobernada por un rey, los ancianos y los jóvenes dijeron a una voz: "Tendremos rey".

Buscaron al rey y lo hallaron trabajando en el campo. Lo sentaron en su trono, le entregaron corona y cetro, y le dijeron: "Desde ahora, gobierna con fuerza y justicia".

Y él dijo: "Sí, gobernaré con fuerza y espero que los dioses me ayuden a gobernar también con justicia".

Luego llegaron a su presencia hombres y mujeres y le hablaron de un barón que los maltrataba y de quien eran esclavos. Rápidamente el rey hizo traer al barón ante él y dijo: "La vida de un noble pesa en la balanza de Dios tanto como la vida de cualquier otro hombre, y como tú no sabes valorar la vida de los que trabajan en tus campos y viñedos, debes alejarte del reino para siempre".

Al día siguiente llegó otro grupo a ver al rey para quejarse de la crueldad de una condesa que vivía al otro lado de la montaña y de la miseria a que los tenía sometidos. Inmediatamente la condesa fue conducida ante la corte y el rey la sentenció al destierro diciendo: "Aquellos que labran nuestros campos y cuidan nuestros viñedos, son más nobles que los que comemos el pan que ellos amasan y bebemos el vino de su lagar. Y ya que tú no comprendes esto, abandona esta tierra y vive lejos del reino".

Entonces llegaron hombres y mujeres a decir que el obispo les hacía acarrear piedras labradas para la catedral sin pagarles nada, a pesar de que el cofre del obispo estaba lleno de oro y plata y ellos sufriendo privaciones.

Y el rey llamó al obispo y le dijo: "Esa cruz que llevas en el pecho significa dar vida a la vida, pero tú has tomado vida de la vida sin dar nada. Por lo tanto saldrás de este reino para nunca volver".

Y así cada día de luna llena, hombres y mujeres venían al rey para contarle de las cargas que los agobiaban. En cada luna llena algún opresor era desterrado del reino.

El pueblo de Sadik estaba asombrado y había alegría en los corazones. Cierto día, los ancianos y los jóvenes vinieron y rodearon la torre del rey.

Lo llamaron y bajó llevando la corona en una mano y el cetro en la otra.

Y les dijo: "Ahora, ¿qué desean de mí? Les vuelvo a ceder lo que quisieron que retuviera".

Pero ellos reclamaron: "No, no, eres nuestro verdadero rey. Has limpiado la tierra de víboras y has hecho desaparecer a los lobos. Venimos a darte las gracias. La corona y el cetro te pertenecen en majestad y gloria".

Entonces el rey dijo: "No, yo no. Ustedes mismos son el rey. Cuando me juzgaron débil y mal gobernante, es que eran débiles y desgobernados. Ahora la tierra está bien porque ello está en su voluntad. Yo no soy más que un

*pensamiento en la mente de todos,
y no existo sino en sus acciones. No
hay tal persona como gobernador.
Los gobernados existen para
gobernarse a sí mismos".*

*El rey volvió a la torre con su
corona y su cetro, y los ancianos y
los jóvenes tomaron contentos sus
caminos y cada uno de ellos pensó
en sí mismo como si fuera rey con
la corona en una mano y el cetro
en la otra.*

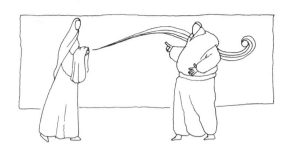

El dar y el tomar

Era un hombre que poseía un valle lleno de agujas. Un día la madre de Jesús llegó a él y dijo: "Amigo, la túnica de mi hijo está desgarrada y necesito zurcirla antes de que él vaya al templo. ¿No querrías darme una aguja?"

Y aquel hombre no le dio una aguja, sino un elocuente discurso sobre el dar y el tomar, para enseñárselo al hijo antes de ir al templo.

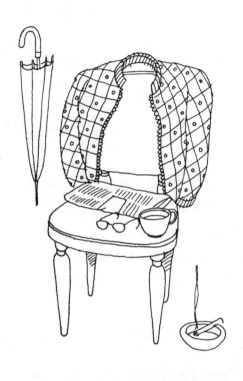

"La distancia más grande
es la que hay
entre lo que es un hecho
y lo que es un anhelo".

Las lágrimas del anciano

*U*na sola lágrima que brilla sobre el arrugado rostro de un anciano, deja en el alma una huella más profunda que las lágrimas de los jóvenes.

El llanto de los años mozos es el flujo de un corazón rebosante, pero el del anciano es como residuo triste de una vida que fluye por los ojos. Las lágrimas en las pupilas de

los jóvenes son como gotas de rocío
sobre pétalos de rosa, pero las que
humedecen las mejillas de los
ancianos, semejan doradas hojas de
otoño que el viento esparce al
llegar el invierno de la vida.

Alegría y tristeza

*N*o cambio la tristeza de mi corazón por la alegría de la gente, ni mis íntimas lágrimas por una sonrisa. Prefiero que mi vida sea una lágrima que purifique el corazón, me revele los secretos de la existencia y su oculto sentido, y una sonrisa que me acerque a los humanos. Una lágrima con la que pueda acompañar a los desdichados y una sonrisa que simbolice mi alegría en la vida.

Quiero morir con anhelo y no vivir en el tedio. Deseo que haya en las profundidades de mi alma sed de amor y de belleza, porque miré y vi que los satisfechos son miserables esclavos de la materia, y escuché que los suspiros del que anhela son más dulces que la mejor música.

Viene la tarde y la flor recoge sus pétalos y duerme abrazada a su deseo, y cuando llega la aurora, abre sus labios para recibir el beso del sol, porque la vida de las flores es deseo y encuentro, lágrima y sonrisa.

Las aguas del mar se evaporan para convertirse en nubes que

vagan sobre montes y valles, y al encontrarse con el viento, caen llorosas sobre los campos, y luego se unen a los ríos, y al final de la jornada vuelven a su patria que es el mar. La vida de las nubes es separación y encuentro, lágrima y sonrisa. Así también es el alma: se separa de Dios y camina en el mundo de la materia, luego pasa cual nube sobre la montaña de la tristeza y los valles de la alegría, y después, al encontrarse con los vientos de la muerte, regresa a su lugar de origen: al mar del amor y de la belleza, a Dios.

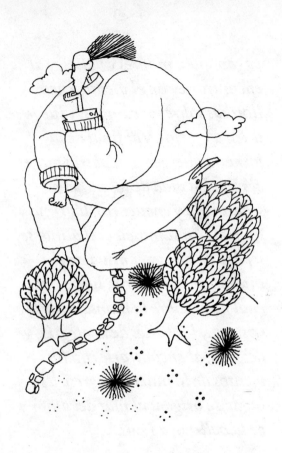

"Nadie gobernará al mundo
si no es con el espíritu y la verdad".

La hija del león

*C*uatro esclavos abanicaban a una reina que roncaba en su trono y que en su regazo tenía un gato.

Dijo el primer esclavo: "Qué fea es esta vieja en su sueño. Vean su boca caída. Respira como si el demonio la estuviera ahorcando".

Entonces el gato ronroneó: "Ella en su sueño no es la mitad de fea de lo que tú en tu consciente esclavitud".

151

Y el segundo esclavo dijo: "Ha de pensar que el sueño suaviza sus arrugas en lugar de acentuarlas. Debe estar soñando algo malo".

Y el gato maulló: "Quisieras poder dormir también y soñar en tu libertad".

Y el tercer esclavo dijo: "Tal vez esté viendo la procesión de todos los que ha asesinado".

Y el gato ronroneó: "¡Ay! Ella ve la procesión de tus antepasados y la de tus descendientes".

Y el cuarto esclavo dijo: "Está muy bien murmurar, pero esto no molesta tanto como abanicarla".

Y el gato maulló: "Abanicarás por toda la eternidad; porque tal como es en la tierra, será en el cielo".

En ese momento la reina sacudió la cabeza y la corona cayó al suelo.

Uno de los esclavos dijo: "Es mal presagio".

Y el gato ronroneó: "El mal presagio para unos es bueno para otros".

Y el segundo esclavo dijo: "¿Qué pasaría si despertara y viera su corona caída? ¡De seguro, nos asesinaría!"

Y el gato comentó: "Diariamente, desde su nacimiento los ha asesinado y ustedes no lo saben".

Y el tercer esclavo dijo: "Sí, nos asesinaría tomándolo como sacrificio a los dioses".

Y el gato ronroneó: "Solamente los débiles son sacrificados a los dioses".

El cuarto esclavo calló a los otros y sin hacer ruido recogió la corona y volvió a colocarla en la cabeza de la reina sin despertarla.

Y el gato maulló: "Solamente un esclavo restaura una corona que ha caído".

Al fin despertó la reina, y mirando
a su alrededor, bostezó y dijo:
 "Me parece que soñé y vi a cuatro
gusanos perseguidos por un
escorpión en derredor del tronco de
un viejo roble. No me gustó mi
sueño".

Entonces cerró los ojos y volvió a
dormirse y a roncar, y los cuatro
esclavos siguieron abanicándola.

Y el gato ronroneó: "Abaniquen,
abaniquen, estúpidos. Están
atizando el fuego que los
consume".

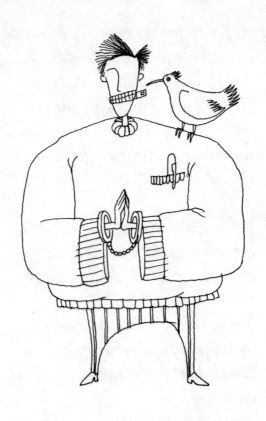

"Sólo una vez enmudecí.
Fue cuando un hombre me preguntó:
¿qué eres tú?"

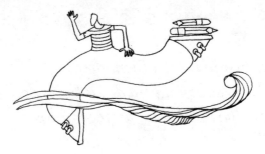

El poeta

*E**l poeta es un eslabón que une este mundo con el futuro; un manantial dulce del que beben las almas; un árbol que, plantado, cabe en los márgenes del río de la belleza y ofrece su delicioso fruto a los corazones hambrientos; un ruiseñor que, volando sobre las ramas del verbo, modula canciones que llenan el sentimiento de ternura y alegría; una nube blanca que se ve crecer en el horizonte, elevarse hasta* cubrir la faz del firmamento y luego apagar la sed de las flores del campo de la vida; un rey que los dioses envían para revelar a los hombres las cosas divinas; una luz brillante a la que la oscuridad jamás vence y a la que no puede opacar la luz de la lámpara que Astarté, diosa del amor, llenó de aceite y Apolo encendió.

El poeta es un solitario que viste el hábito de la sencillez. Su sentimiento es la gracia. En la quietud de la noche espera la revelación del espíritu. Es un sembrador que, en las praderas del sentimiento, arroja los granos de su corazón que la humanidad cosecha para su propio sustento.

Acurrucado sobre el pecho de la naturaleza contempla con amor la creación.

Así es el poeta que los mortales ignoran en vida y empiezan a conocer cuando se despide ya de este mundo para volver a su patria divina. Es el que no pide a los hombres más que una sonrisa; es aquel cuyos suspiros se elevan llenando el espacio de imágenes bellas y vivientes, y al que la gente niega el pan y el lecho.

¿Hasta cuándo ¡oh mortales! ¡Oh civilización!, dejarán de edificar enormes mansiones para los que amasan la tierra con sangre humana y permanecen *indiferentes a las almas que ofrecen paz? ¿Hasta cuándo dejarán de honrar a criminales y tiranos en vez de amar a los que esparcen la luz de su razón en la noche oscura, que los enseñan a contemplar la belleza del día, que consumen su vida entre las garras de la miseria con tal de que no termine su felicidad?*

¡Poetas! Almas de esta vida; han merecido la corona de laurel a pesar de las espinas de la ilusión; y vendrá el día en que regirán los corazones.

Vuestro reino, ¡oh poetas!, no tiene fin.

El criminal

*U*n joven fuerte de cuerpo y débil por el hambre, pedía limosna en la esquina de una avenida.

Llegó la noche, se secaron sus labios, se debilitó su lengua y su mano quedó tan vacía como su vientre. Entonces se encaminó hacia las afueras de la ciudad, y entre los árboles lloró amargamente. Después alzó los ojos hacia el cielo y dijo: "¡Oh Dios!, fui con el rico en busca de

161

trabajo y me rechazó por mis
harapos. Llamé a las puertas del
colegio y fui despedido por tener
las manos vacías. Pedí servir a
cambio del pan cotidiano y fui
repudiado por mi aspecto. Al fin,
me resigné a pedir limosna; me
vieron tus siervos, ¡oh Dios!,
dijeron que yo era joven y fuerte,
que la ciudad no debe socorrer a
los perezosos. Me alumbró mi
madre por gracia tuya, y si existo
en ti es porque tú lo has querido.

"¿Por qué los hombres me niegan
el pan cuando lo pido en tu
nombre?"

En aquel instante cambió la
fisonomía del joven. Se irguió y sus

ojos se alumbraron con los astros, hizo de las ramas secas un grueso cayado, y con él, señaló a la ciudad, gritando:

"Pedí vivir con el sudor de mi frente y nada obtuve; calmaré mis deseos con la fuerza de mi puño. Pedí pan en nombre del bien y los hombres no me escucharon, entonces lo tomaré en el nombre del mal y lo tendré en abundancia..."

Pasaron los años, el joven cortó cuellos para atesorar collares y asesinó a los que se opusieron a sus ambiciones. Aumentó su fortuna, creció su agresividad, se hizo respetar por los bandidos y temer por los pacíficos. Y fue así como lo nombraron ministro en aquella ciudad.

De esta manera, el hombre hace, por su avaricia, del indigente un criminal, y por su dureza, del pacífico un sanguinario.

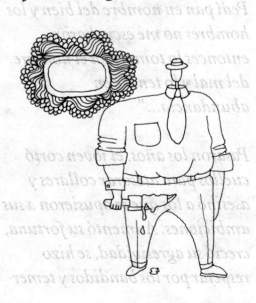

El sabio y el poeta

*D*ijo la serpiente a la alondra: "*Tú vuelas, sin embargo, no puedes visitar los escondites profundos de la tierra, donde la savia de la vida se mueve en perfecto silencio*".

Y la alondra respondió: "Tú sabes mucho, es más, tu arte es superior al de todas las cosas sabias. ¡Lástima que no puedas volar!"

Como si no hubiera oído, la serpiente dijo: "Tú no puedes

conocer los imperios ocultos.
Apenas ayer descansaba en una
cueva de rubíes. Es como el
corazón de una granada madura y
un débil rayo de luz convierte todo
en una llama rosa. ¿Quién sino yo
puede contemplar semejantes
maravillas?"

La alondra respondió:
"Nadie, nadie más que tú puede
recrearse con los cristalinos
recuerdos de los siglos. ¡Lástima que
no puedas cantar!"

Y la serpiente dijo: "Conozco una
planta cuyas raíces se adentran en
las entrañas de la tierra y aquel que
come de ellas se vuelve más
hermoso que un Dios".

Y la alondra respondió: "Nadie, nadie como tú puede revelar el pensamiento mágico de la tierra. ¡Lástima que no puedas volar!"

Y la serpiente dijo: "Hay un río purpurino que corre bajo la montaña y aquel que beba de sus aguas será inmortal. Seguramente, ningún ave o bestia puede descubrir ese río".

Y la alondra respondió: "Si tú quisieras, podrías ser inmortal como los dioses. ¡Lástima que no puedas cantar!"

Y la serpiente dijo: "Conozco un templo sepultado, lo visito en cada luna. Fue construido por una olvidada raza de gigantes y en sus

muros están grabados los secretos
del tiempo y del espacio, y aquel
que los lea entenderá lo que
sobrepasa a todo conocimiento".

Y la alondra dijo: "Ciertamente, si
lo desearas, podrías encontrar con
tu cuerpo flexible todo conocimiento
sobre el tiempo y el espacio. ¡Lástima
que no puedas volar!"

Entonces la serpiente, disgustada,
optó por meterse en su agujero,
murmurando: "Cantantes de
cabeza vacía!"

Y la alondra voló, cantando:
"¡Lástima que no puedas cantar.
Lástima, sabia amiga, lástima que
no puedas volar!"

Amor y odio

*U*na mujer dijo a un hombre: "Yo te amo", y el hombre contestó: "Está en mi corazón ser digno de tu amor".

Y ella dijo: "¿Tú no me amas?" Y el hombre la miró sin decir nada.

Entonces la mujer gritó: "Te odio". Y el hombre dijo: "Entonces está también en mi corazón ser digno de tu odio".

"Un loco no es menos músico
que tú y yo;
sólo que el instrumento que toca
está desafinado".

Los dos eremitas

*En una solitaria montaña vivían
dos eremitas que adoraban a Dios
y se amaban el uno al otro. Los dos
tenían una vasija de barro que era
su única posesión.*

*Cierto día, un mal espíritu entró
en el corazón del más viejo, que
acercándose al menor le dijo:
"Hace ya mucho que vivimos
juntos. Ha llegado la hora de
separarnos. Dividamos nuestras
posesiones".*

171

Entonces el menor de los eremitas se entristeció y dijo: "Hermano, me entristece el que tú quieras dejarme. Pero si es necesario que lo hagas, así sea". Trajo la vasija de barro y se la entregó diciendo: "No podemos dividirla hermano, que sea tuya".

Entonces el ermitaño mayor contestó: "No acepto ninguna caridad. No tomaré sino lo que es mío. Debe ser dividida".

Y el menor dijo: "Si partimos la vasija, ¿para qué nos servirá después? Si te parece, mejor juguémosla a la suerte".

Pero el más viejo de los eremitas insistió: "No pido más que justicia ni más de lo que me pertenece, y no quiero confiar la justicia y lo que me pertenece a la buenaventura. La vasija debe ser dividida".

El eremita menor, no pudiendo razonar más, dijo: "Si esa es tu voluntad quebremos la vasija".

Entonces el rostro del eremita mayor se puso más oscuro que la noche y gritó: "¡Ah!, maldito cobarde, no quieres reñir".

"Qué incauto eres
si pides que vuelen con tus alas,
y sin embargo,
no eres capaz de dar una sola pluma".

Maldición

𝒰n viejo marino me dijo un día:
"Hace treinta años que un marino
huyó con mi hija, y a los dos los
maldije en mi corazón, porque de
todo el mundo no amaba más que
a mi hija. Poco tiempo después, el
joven marino se hundió con su
barco en el fondo del mar, y con él
mi adorada hija. Y ahora miro en
mí al asesino de un joven y de una
doncella. Fue mi maldición la que
los mató, y en mi camino a la
tumba busco el perdón de Dios".

"Una mujer puede encubrir su rostro
con su sonrisa".

El alma

*E*l Dios de los dioses separó de sí
mismo un alma, la llenó de belleza
y le dio la suavidad de la brisa
matinal, el aroma de las flores y la
pureza de la luz.

Le regaló una copa llena de alegría,
y dijo: "Bebe de ella sólo cuando
olvides el pasado y desprecies el
futuro", y luego le dio una copa de
tristeza, y dijo: "De ésta beberás
para conocer la alegría de la vida".
Y puso en ella amor, que al primer

suspiro de satisfacción se desvanece,
y dulzura, que a la primera palabra
de soberbia también se desvanece.

Y vertió en ella sabiduría divina
que la condujera por el camino de
la verdad, y depositó en sus
profundidades una conciencia para
que viera lo invisible.

Y creó en ella un sentimiento que
vaga con las sombras y camina con
los espectros.

Y la vistió de anhelos, tejidos por los
ángeles con los colores del arco iris.

Después, puso en ella la oscuridad
de la duda que es la sombra de la
luz.

Y Dios tomó fuego de la fragua de la ira, y viento del desierto de la ignorancia, y arena de la playa del mar del egoísmo, y polvo de los siglos y amasó al hombre.

Lo dotó de una fuerza ciega que se rebela con la locura y se inquieta con los deseos satisfechos.

Después, le dio la vida que es sombra de la muerte.

Y el Dios de los dioses sonrió y lloró, y sintiendo por el hombre amor y piedad infinitos unió cuerpo y alma.

"La imagen del sol matutino
en una gota de rocío
no es menos que el sol.
El reflejo de la vida en vuestras almas
no es menos que la vida".

La belleza

*L*a belleza tiene un lenguaje astral
que se eleva sobre las voces y las
sílabas que pronuncian nuestros
labios.

Lengua inmortal que encierra
todas las carencias humanas para
convertirlas en mudo sentimiento,
igual que el tranquilo lago atrae
hacia sus profundidades los cantos
del riachuelo para convertirlos en
silencio eterno.

La belleza es un secreto que llena nuestro espíritu de admiración y al que nutre y fortifica; pero nuestro pensamiento se torna indeciso al definirla con palabras y jamás lo consigue. Es un fluido invisible que oscila entre el sentimiento del que contempla y la realidad que se mira.

La belleza es una luz que surge del sagrario del alma para alumbrar nuestro cuerpo, igual que la vida cuando surge de una semilla y le da a la flor tinte y perfume. Es motivo de comprensión entre el hombre y la mujer, que se realiza en un instante del cual nacen aquella simpatía y aquel sentimiento puro y espiritual que llamamos AMOR...

El sepulturero

*U*na vez, mientras sepultaba uno de mis YO muertos, se acercó a mí el sepulturero y me dijo: "De todos los que vienen aquí a sepultar, eres el único que yo quiero".

Le dije: "Me halagas demasiado pero, ¿por qué me quieres?"

"Porque —dijo él— todos llegan llorando y se vuelven llorando. Eres el único que llegas riendo y te vas riendo".

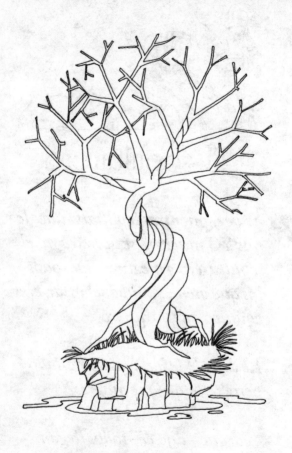

"No llames a nada feo,
excepto al temor que el alma siente
en presencia de sus propios recuerdos".

Guerra

U na noche había fiesta en el palacio.
De pronto entró un hombre que se
postró ante el príncipe. Todos los
invitados lo miraron y vieron que
uno de sus ojos estaba saltado y que
la cuenca vacía sangraba, y el
príncipe le preguntó: "¿Qué te ha
sucedido?" Y el hombre respondió:
"Oh príncipe, mi oficio es ser
ladrón, y esta noche, viendo que no
hay luna, fui a robar la casa del
cambista, y cuando me trepé para
entrar por la ventana, me

equivoqué y entré en el taller del tejedor; pero en la oscuridad tropecé con el telar y se me saltó el ojo. Y ahora, oh príncipe, vengo a pedir justicia contra el tejedor".

Entonces el príncipe mandó llamar al tejedor, el cual vino, y en el acto ordenó que le arrancasen uno de sus ojos.

"Oh príncipe – dijo el tejedor–, el decreto es justo. Está bien que uno de mis ojos sea sacado. Mas ¡ay de mí!, ambos me son necesarios para que pueda ver los dos lados de la tela que tejo. Pero tengo un vecino, un zapatero, que tiene sanos los dos ojos, y para su oficio no necesita de ambos".

*Entonces el príncipe mandó
llamar al zapatero. Vino éste y le
fue arrancado un ojo.*

¡Y la justicia fue hecha!

"Únicamente el sordo
envidia al hablador".

La ciudad bendita

*E*n mi juventud me fue dicho que en cierta ciudad cada quien vivía conforme a las Escrituras.

Y me dije: "Buscaré esa ciudad y su bendición". Pero estaba lejos y tuve que preparar una gran provisión para el viaje. Después de cuarenta días de marcha, vislumbré la ciudad, y al día siguiente entré en ella, pero ¡ay! Cada uno de sus habitantes tenía un solo ojo y una sola mano. Quedé asombrado, y me dije: "¿Acaso todos los que viven en esta ciudad santa han de tener un solo ojo y una sola mano?"

Luego vi que ellos también se maravillaban de que yo tuviera mis dos manos y mis dos ojos, y al ver que hablaban entre sí, les pregunté: "¿Es esta realmente la ciudad bendita, donde todos viven conforme a las Escrituras?" Y me respondieron : "¡Sí, esta es la ciudad!"

"¿Y qué les ha sucedido? —pregunté—, y ¿dónde están sus manos y sus ojos derechos?"

Se conmovió todo el pueblo, y me dijeron: "Ven y ve".

Me llevaron al templo y en él vi un montón de manos y ojos, todos marchitos, y compadecido exclamé: "¿Qué conquistador ha cometido esta crueldad con ustedes?"

Hubo un murmullo entre ellos, y uno de los más ancianos se adelantó y me dijo: "Esta obra es nuestra. Dios nos hizo conquistadores del mal que había en nosotros".

Me condujo a un altar elevado seguido por todo el pueblo, y me enseñó una inscripción grabada encima del altar que decía: "Si tu ojo derecho te induce al pecado, arráncalo y apártalo de ti; porque es mejor para ti que uno de tus miembros perezca antes de que todo tu cuerpo sea arrojado al infierno. Y si tu mano derecha te obliga a pecar, córtala y arrójala de ti, porque es preferible que perezca uno de tus miembros antes de que todo tu cuerpo sea arrojado al infierno".

Entonces comprendí. Me volví hacia todo el pueblo y exclamé: "¿No hay entre ustedes un varón o una mujer que tenga dos ojos o dos manos?"

*Y me respondieron: "¡No! ¡Nadie!
Salvo los que aún son muy
pequeños para saber leer la
Escritura y comprender sus
mandamientos".*

*Y cuando salimos del templo, me
apresuré a dejar la ciudad bendita,
porque yo no era demasiado joven
y sabía leer las Escrituras.*

"Cuando dos mujeres hablan
no dicen nada; cuando una mujer habla
revela la vida entera".

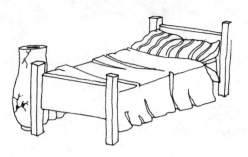

El profeta ermitaño

*H*ubo un profeta ermitaño que
durante tres lunas venía a la
ciudad a predicar ante el pueblo
sobre el dar y el compartir. Era
elocuente, y su fama se extendía
sobre la tierra.

Una noche, tres hombres llegaron
a su ermita y les dio la bienvenida.
Los hombres le dijeron: "Tú has
predicado sobre el dar y compartir
y has tratado de enseñar a los que
poseen mucho que den a los que

tienen poco, y no dudamos de que tu fama te haya traído riquezas. Pues bien, danos de ellas porque tenemos necesidad".

Y el ermitaño contestó: "Amigos míos, no poseo sino una cama, una cobija y este cacharro de agua. Tómenlos. No tengo ni oro ni plata".

Entonces lo miraron con desdén y decidieron abandonarlo, pero el último hombre se detuvo en la puerta y dijo: "¡Ah tramposo! ¡Timador! Enseñas y predicas lo que tú no haces".

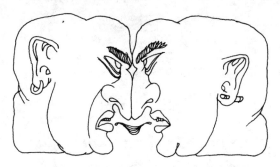

Los dos eruditos

En la antigua ciudad de Afkar vivían dos eruditos. Cada uno odiaba y despreciaba los conocimientos del otro; uno negaba la existencia de los dioses y el otro era creyente.

Un día se encontraron en la plaza pública, y en medio de sus secuaces comenzaron a discutir y argumentar acerca de la existencia o inexistencia de los dioses,

y tras largas horas de riña,
se retiraron.

Aquella tarde, el incrédulo se fue
al templo y se postró ante el altar y
rogó a los dioses que perdonaran su
desvío en el pasado.

A la misma hora el otro erudito, el
que defendía a los dioses, quemó
sus libros sagrados porque se había
vuelto incrédulo.

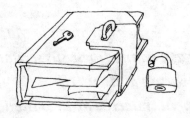

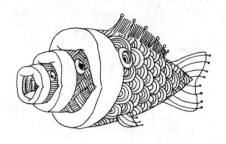

Otros mares

*U*n pez le dijo a otro: *"Encima de este mar nuestro hay otro mar, con criaturas nadando en él, y ellas viven ahí igual que nosotros vivimos aquí".*

El otro pez replicó: "¡Pura fantasía! Tú sabes bien que todo el que saca de nuestro mar tan sólo un dedo y permanece fuera, muere. ¿Qué pruebas tienes de otras vidas en otros mares?"

"Un desacuerdo tal vez sea la distancia
más corta entre dos mentes".

El río

*E*n el valle de Kadisha, por donde corre un poderoso río, dos pequeños riachuelos se encontraron y se hablaron el uno al otro.

Un riachuelo dijo: "Amigo mío, ¿cómo llegaste, y cómo está tu camino?"

Y el otro contestó: "Mi camino estaba sobrecargado. La rueda del molino se rompió, el amo de la hacienda que acostumbraba conducirme de mi cauce a sus plantaciones ha muerto. Luché sudando con la mugre de los que no hacen más que sentarse y calcinar su pereza en el sol. ¿Pero cómo estaba tu camino, hermano mío?"

El otro riachuelo contestó: "El mío fue diferente. Bajé de las montañas entre flores y sauces, hombres y mujeres bebieron de mí en copas de plata, los niños chapotearon en mis riberas con sus pies color de rosa, hubo risas a mi alrededor y hubo dulces canciones. ¡Qué lastima que tu camino no haya sido tan feliz!"

En aquel momento, el río habló con voz fuerte y dijo: "Entren, entren, vamos al mar. Entren, entren, no hay más. Únanse a mí, vamos al mar. Entren, entren, porque en mí olvidarán su viaje. Entren, entren, ustedes y yo olvidaremos todos nuestros caminos cuando alcancemos el corazón de nuestra madre la mar".

"La primavera es el espíritu
de un dios desconocido
que viaja por la tierra a paso veloz".

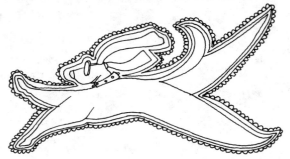

El perro sabio

C ierto día pasó un perro sabio cerca de un grupo de gatos.

Al acercarse y ver que estaban muy entretenidos y despreocupados de su presencia, se detuvo.

Al instante, se levantó en medio del grupo un gato grande y grave, el cual miró a todos y dijo: "Hermanos, rezad; y cuando hayáis rezado una y otra vez, sin

dudar de nada, en verdad lloverán
ratas".

Y el perro al oír esto, se rió en su
corazón y se alejó, diciendo: "¡Ah!,
ciegos y locos gatos. ¿Acaso no fue
escrito y no he sabido yo y mis
antepasados antes de mí, que lo
que llueve al rezar las oraciones, a
la fe y a las súplicas, no son ratas
sino huesos?"

ESTA EDICIÓN SE TERMINÓ DE IMPRIMIR
EL 4 DE AGOSTO DE 2003 EN LOS
TALLERES DE IMPRESORA PUBLIMEX, S.A. DE C.V.
CALZADA SAN LORENZO 279, LOCAL 32,
09900, MÉXICO, D.F.